Ein Zitatenstrauß

D1726369

Steinbock-Verlag
Hannover

Das
GLÜCK
kann man
VERDOPPELN,
indem man es TEILT

Sprichwort

GEWINNE
mit
Gleichmut –
VERLIERE
mit
Lächeln   L. Wallner

Ehrliche
Auseinandersetzung
will nicht den Streit,
sondern die
VERSÖHNUNG

R. Besser

Wie schön wäre die Welt,
wenn jeder
nur die Hälfte
von dem täte,
was er
vom anderen
verlangt

Curt Goetz

das ist schwer:
ein Leben zu zwein.
nur eins ist noch schwerer:
einsam sein

Tucholsky

Bei den frauen Glück haben,
bedeutet nichts,
durch eine frau
glücklich werden,
alles!

M. Bern

DER EINZIGE WEG,
EINEN FREUND
ZU GEWINNEN,
IST DER,
SELBST
EINER ZU SEIN

R. W. Emerson

Liebe heißt nicht,
sich in die Augen zu sehen,
sondern gemeinsam
in die gleiche Richtung
zu blicken

Saint-Exupéry

Es bedarf
weit größerer Tugenden,
das Glück zu ertragen
als das Unglück

M. Miller

Wie oft
erträumt
der Mensch
eine künftige
Glück-
seligkeit
und verschläft
darüber
die gegenwärtige

Cornova

Meistens belehrt uns erst
der Verlust
über den Wert der Dinge

Schopenhauer

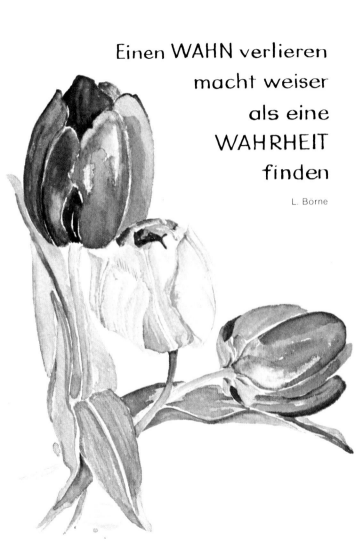

Einen WAHN verlieren
macht weiser
als eine
WAHRHEIT
finden

L. Borne

Ein bißchen mehr Friede
und weniger Streit,
ein bißchen mehr Güte
und weniger Neid,
ein bißchen mehr Wahrheit
immerdar
und viel mehr Hilfe bei Gefahr!
Ein bißchen mehr "Wir"
und weniger "Ich",
ein bißchen mehr Kraft,
nicht so zimperlich!
Und viel mehr Blumen
während des Lebens,
denn –
auf den Gräbern
sind sie vergebens.

Hausspruch

Schlägt die Hoffnung fehl,
nie fehle Dir das Hoffen.
Ein Tor ist zugetan,
doch tausend sind noch offen.

Fr. Rückert

Träume sind nicht Taten.
Ohne Arbeit
   wird Dir nichts geraten.

E. M. Arndt

NICHTS geschieht
                ohne Risiko,
aber ohne Risiko
                geschieht auch NICHTS

Walter Scheel

Gott gebe mir
die Gelassenheit,
Dinge hinzunehmen,
die ich nicht ändern kann,
den Mut,
Dinge zu ändern,
die ich ändern kann,
und die Weisheit,
das eine vom anderen
zu unterscheiden

F. C. Oetinger

Ehe man tadelt,
sollte man immer versuchen,
ob man nicht
entschuldigen
kann

Lichtenberg

WER GLAUBT,
NIEMALS ZU IRREN,
DER IRRT

W. Raabe

WER EIN WARUM ZU LEBEN HAT, ERTRÄGT FAST JEDES WIE

Nietzsche

Man ist nicht so sehr reich
durch das, was man besitzt,
als vielmehr durch das,
was man mit Würde
zu entbehren weiß

Epikur

Ach,
reines Glück
genießt
doch nie,
wer
zahlen soll
und
weiß nicht,
wie

Wilhelm Busch

Es gehört oft mehr MUT dazu,
seine MEINUNG zu ändern,
als ihr treu zu bleiben

Hebbel

wenn man
genügend
erfahrungen
gesammelt hat,
ist man zu alt,
um sie
auszuführen

S. Maugham

einen menschen lieben
bedeutet,
einwilligen,
mit ihm
alt zu werden

Camus

GEIZHÄLSE
sind die Plage
ihrer Zeitgenossen,
aber das Entzücken
ihrer Erben

Fontane

Es ist besser,
        zu schenken als zu leihen,
und es kommt auch nicht teurer

Ph. Gibbs

Die Menschen,
denen wir
eine Stütze sind,
geben uns
den
Halt
im Leben

Ebner-Eschenbach

Das Gold
der ganzen Welt
ist nicht imstande,
auch nur eine vergangene Minute
zurückzuholen

Caralca

Lebe, wie Du, wenn Du stirbst, wünschen wirst, gelebt zu haben

Gellert

alles,
was man
übertreibt,
verwandelt sich in Leid

B. Bullmahn

Die Erinnerung
ist das einzige Paradies,
aus dem wir
nicht vertrieben
werden
können

Jean Paul

des Lebens
ungemischte Freude
ward
keinem Irdischen
zuteil

Schiller

Ein großer Teil der Sorge
besteht aus unbegründeter Furcht

Unbekannt

Wer sich
nicht selbst
helfen will,
dem kann
niemand
helfen

Pestalozzi